CLEVER SOLUTIONS FOR SMALL APARTMENTS
Copyright © 2017 Instituto Monsa de ediciones

Editor, concept, and project director
Anna Minguet

Project's selection, design and layout
Patricia Martínez (equipo editorial Monsa)

INSTITUTO MONSA DE EDICIONES
Gravina 43 (08930)
Sant Adrià de Besòs
Barcelona (Spain)
Tlf. +34 93 381 00 50
www.monsa.com
monsa@monsa.com

Visit our official online store!
www.monsashop.com

Follow us!
Facebook: @monsashop
Instagram: @monsapublications

Cover image © Wim Hanenberg (Amsterdam Urban Loft)

ISBN: 978-84-16500-59-8
D.L. B 21848-2017
Printed by Indice

· CLEVER SOLUTIONS FOR ·
SMALL APARTMENTS

monsa

INTRODUCTION

Having order in a home is essential to truly enjoying a relaxed, peaceful and balanced space. Everybody accumulates clothes, household goods and other belongings over time, but the ways of storing them are as different as today's families and lifestyles. Interior design and decoration projects are well-aware of this and can offer a myriad of options and possibilities with the style and solution which can best adapt to any need or preference.

Household organization is complicated, and the basic steps to attaining rooms which are uncluttered yet have everything within arm's reach usually lie in choosing good storage options. A proper furniture lay-out, taking advantages of unused corners, storage lofts where the ceiling height permits, walls that hide closets, shelves that reach the ceiling, dual-purpose units... all resources come into play when conceiving and designing functional and versatile rooms that adapt to their inhabitants and lend a coherent decor to the whole, all to one's personal taste. An ingenious mind is sharpened in the face of a challenge and the ideas for making the most of every last inch being suggested by this book are at times classic and at other times original, even audacious, but all can help solve that old problem - lack of space.

This book explores various storage solutions for apartments of different sizes. It is structured from the lowest to the highest available surface, and they all have aspects in common: the style of each house, the space available, the entrance of light and how to take advantage of it, and finally the color. A light or soft color used in different tones can lightened a room and make it visually larger.

El orden en una casa es imprescindible para gozar de un ambiente relajado, tranquilo y equilibrado. Todo el mundo acumula ropa, menaje y otros enseres a lo largo del tiempo, pero hay tan variadas formas de guardarlos como diversas son las familias y los modos de vida actuales. Los trabajos de interiorismo y decoración son conscientes de ello, y ofrecen múltiples opciones y posibilidades para escoger el estilo y las soluciones que más se adapten a las necesidades y los gustos de cada cual.

La organización de un hogar es complicada, y los pasos básicos para conseguir espacios despejados pero con todo lo imprescindible al alcance de la mano pasan necesariamente por escoger buenas opciones de almacenaje. Una buena distribución de los muebles, el aprovechamiento de rincones sin uso, altillos donde la altura de los techos lo permita, paredes que ocultan armarios, estanterías hasta el techo, elementos de doble uso... Todos los recursos se ponen en juego a la hora de concebir y diseñar espacios funcionales, adaptados a sus habitantes, versátiles y que doten al conjunto de una decoración coherente, al gusto de cada uno. El ingenio se agudiza ante las dificultades, y las ideas para aprovechar todos los centímetros disponibles que se proponen en este libro, a veces clásicas, a veces originales, en ocasiones incluso audaces, pueden ayudar a solucionar el viejo problema de la falta de espacio.

Esta obra explora diversas soluciones de almacenamiento para apartamentos de distinto tamaño. Se estructura de menor a mayor superficie disponible, y todas tienen aspectos en común: el estilo de cada vivienda, el espacio disponible, la entrada de luz y cómo aprovecharla, y finalmente el color. Un color claro o suave utilizado en distintos tonos aclara una habitación y la hace visualmente más amplia.

8   YOBI APARTMENTS _ Neiman Taber Architects
Seattle, United States

14   13 SQ M _ Szymon Hanczar
Wrocław, Poland

20   MICRO-APARTMENT MOABIT _ spamroom+johnpaulcoss
Berlin, Germany

28   APARTMENT IN TAIPEI _ A Little Design
Taipei City, Taiwan

36   AIR B N'P HOME _ Position Collective
Budapest, Hungary

44   APARTMENT LP _ BEP Architects
Brasília, Brazil

50   SMALL APARTMENT IN MOSCOW _ Nowadays
Moscow, Russia

60   SMALL TOWN HOUSE _ Studiomama
London, Great Britain

68   APARTMENT 37 _ Atelier Mearc
Shanghai, China

78   BLOCK VILLAGE _ HAO Design
Kaohsiung City, Taiwan

88   PARLAMENT 29 _ Miel Arquitectos & Studio P10
Barcelona, Spain

98   DWELLING IN LAVAPIÉS _ Clap Design!
Madrid, Spain

106   AMSTERDAM URBAN LOFT _ Bureau Fraai
Amsterdam, The Netherlands

114   SALVA 46 _ Miel Arquitectos & Studio P10
Barcelona, Spain

124   FUJIGAOKA T _ Chikara Ohno / Sinato
Kanagawa, Japan

132   FLINDERS LANE APARTMENT _ Clare Cousins Architects
Melbourne, Australia

YOBI APARTMENTS

13 m² / 140 sq ft

Neiman Taber Architects
www.neimantaber.com
Location: Seattle, United States
Photos © William Wright Photography

A newly constructed building, designed as a community environment with multiple living spaces, serves as the site for this type of micro-housing. The interior of each unit contains one single space for the living, study, and storage areas; the sleeping area is located in a loft over the bathroom. There is a community kitchen in the center of each floor of the building; this also functions as a meeting and social space.

Un edificio de nueva construcción, concebido como un entorno comunitario dotado de múltiples espacios de convivencia, sirve de marco a esta tipología de microvivienda. El interior de cada unidad está formado por un único espacio, destinado a estar, estudio y zona de almacenamiento; sobre la pieza del baño, un altillo aloja el dormitorio. Una estancia situada en el centro de cada una de las plantas del edificio alberga una cocina comunitaria, que actúa también como lugar de reunión y punto de encuentro.

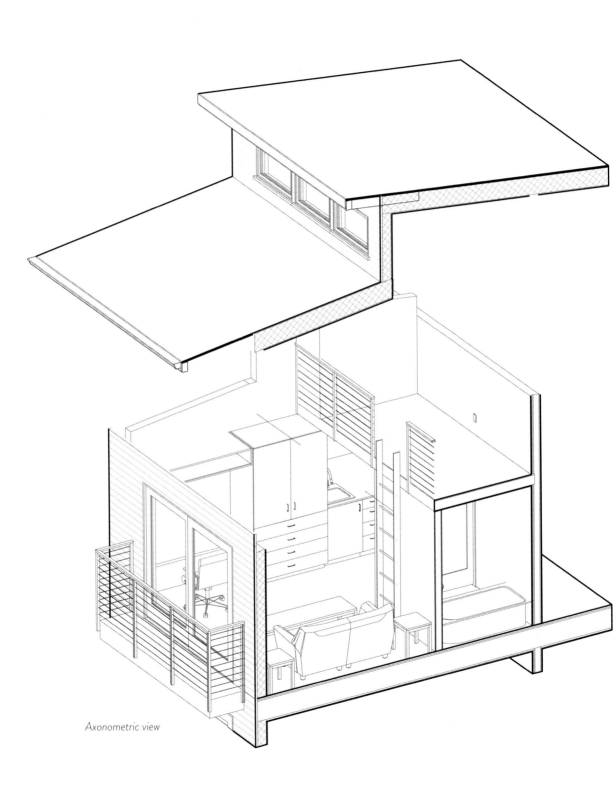

Axonometric view

The spatial continuity between the bedroom and the lower level, and the greater headroom in the loft, help make the home seem larger.

La continuidad espacial entre el dormitorio y el nivel inferior, unida a la mayor altura libre que se ha previsto en la zona del altillo, contribuye a aumentar la sensación de amplitud de la vivienda.

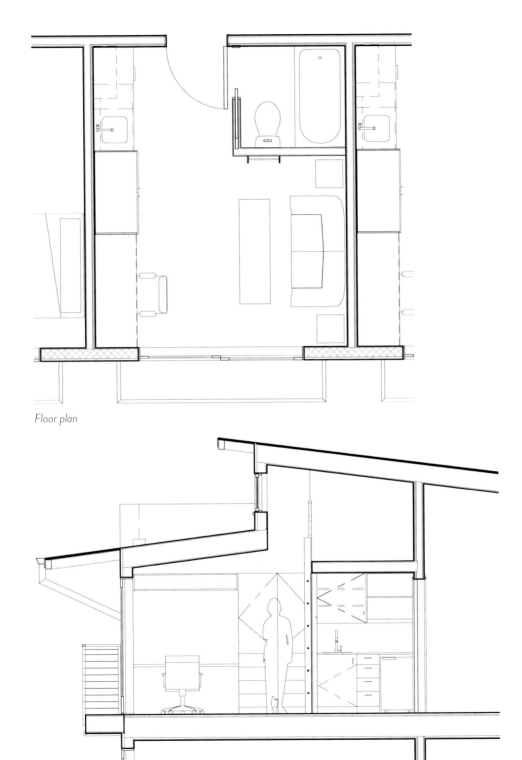

Floor plan

Section

13 SQ M

13 m² / 140 sq ft

Szymon Hanczar
www.hanczar.com
Location: Wrocław, Poland
Photos © Jedrzej Stelmaszek

The planner for this project has successfully incorporated all the functions of a home into the barely thirteen square meters of this tiny rectangular space. The kitchen, bath, and storage space form a core grouping at one end of the rectangle. Over this is a loft that serves as the bedroom. The rest of the home consists of an open space of minimalist design, with a light color scheme opening up the space.

En esta intervención, el proyectista consigue incorporar el programa funcional de una vivienda en los escasos trece metros cuadrados de un minúsculo espacio de forma rectangular. Su planteamiento sitúa en uno de los extremos del rectángulo un núcleo que agrupa las zonas de cocina, baño y almacenaje, sobre las que se eleva un altillo que funciona como dormitorio. El resto de la vivienda está constituido por un único ambiente, de diseño minimalista y tonos claros que contribuyen a dar amplitud al espacio.

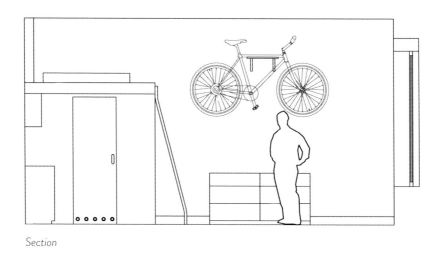

Section

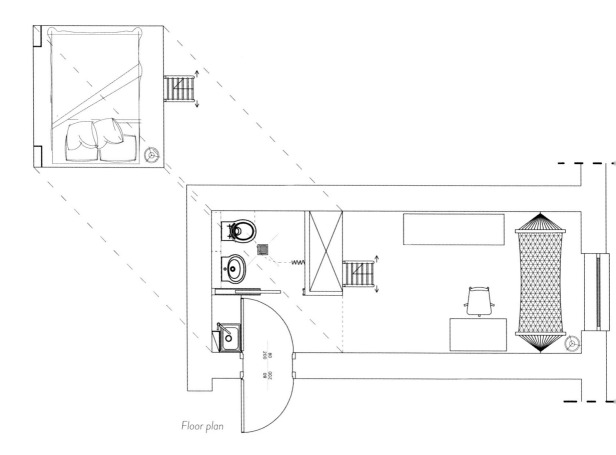

Floor plan

The functional core was carefully designed to meet the basic requirements of a home, and it fits into the whole as if it were one more item of furniture.

El cuidado diseño del pequeño núcleo que contiene las zonas funcionales está optimizado para satisfacer las necesidades básicas de una vivienda y se integra en el conjunto como una pieza más del mobiliario.

MICRO-APARTMENT MOABIT

21 m² / 226 sq ft

spamroom + johnpaulcoss

www.spamroom.net - www.johnpaulcoss.com

Location: Berlin, Germany

Photos © Ringo Paulusch (www.ringo-paulusch.info)

The design brief for this Berlin flat renovation, in the district of Moabit, not only included the challenge of sensitively updating an "Altbau" (early 1900's), but included the added element of its charming small size - measuring just 21 sqm. It was necessary to rethink the spatial capacity of the flat to engage with its cubic square metre potential, i.e. its "Altbau" proportioned ceiling height. This involved stacking some elements of the programme in order to win some additional square metres.

El estudio del diseño de esta remodelación de un piso de Berlín, en el distrito de Moabit, no sólo incluyó el reto de actualizar sensiblemente un edificio antiguo (principios de 1900), sino que incluyó el elemento añadido de su encantador pequeño tamaño; mide tan sólo 21 m².
Era necesario replantearse la capacidad espacial del piso para adaptarlo a su potencial de metro cuadrado cúbico, es decir, la altura proporcionada de su techo de edificio antiguo. Esto implicó apilar algunos elementos con el fin de ganar algunos metros cuadrados adicionales.

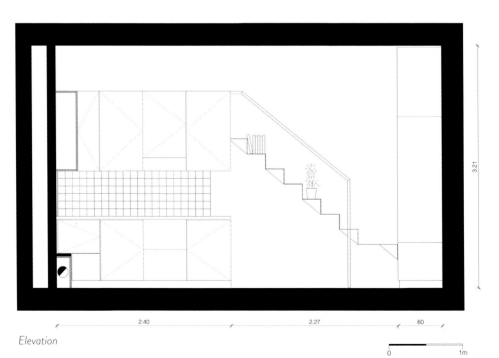

3.21

2.40   2.27   60

Elevation

0   1m

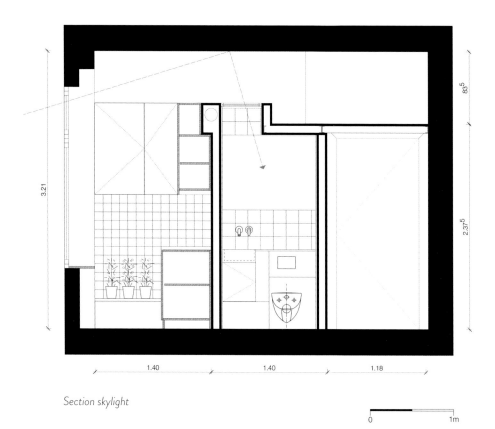

Section skylight

3.21

83^5

2.37^5

1.40   1.40   1.18

0   1m

The bathroom walls and ceiling were built up to a minimum inner height in order to re-appropriate that extra space above the bathroom and entrance hallway. The upper side of the ceiling would act as a deck for a cosy sleeping mezzanine with some added storage, thus freeing up some space on the floor below for the other requirements of the brief.

The overall project aim was to transform a flat that felt uncomfortably disproportionate or transient and to create a well-structured, light space with overlapping functions both horizontally and vertically within the confines of a single room. A space that the client could happily call her home and potentially act as a model for similar urban spatial quandaries as space becomes increasingly rare in our cities.

Las paredes del baño y el techo se construyeron hasta una altura mínima interior con el fin de volver a recuperar espacio adicional por encima del baño y el vestíbulo de entrada. La parte superior del techo actuaría como cubierta para un entresuelo acogedor donde dormir, con un espacio de almacenaje añadido, liberando así un poco de espacio en el piso inferior para otras necesidades del proyecto.

El objetivo principal del proyecto era transformar un piso incómodamente desproporcionado y crear un espacio luminoso y bien estructurado con funciones superpuestas, tanto horizontal como verticalmente, dentro de los límites de una habitación individual. Un espacio que el cliente podría denominar felizmente como "su hogar" y que potencialmente actuaría como modelo para problemas espaciales similares, ya que el espacio se vuelve cada vez más escaso en nuestras ciudades.

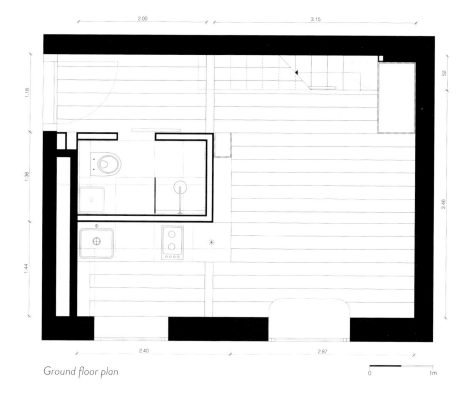

Ground floor plan

2.00   3.15
1.18
1.36
1.44
52
3.46
2.40   2.87

0   1m

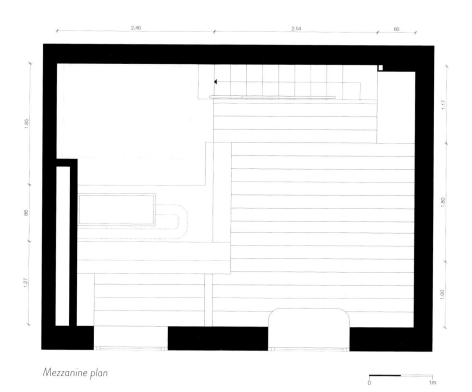

Mezzanine plan

2.46   2.54   60
1.85
86
1.27
1.17
1.80
1.00

0   1m

APARTMENT IN TAIPEI

22 m² / 237 sq ft

A Little Design
Architect: Szumin Wang
www.facebook.com/Design.A.Little/
Location: Taipei City, Taiwan
Photos © Hey! Cheese

Functionality is the concept behind this renovation, given its limitations on the amount of available space. A strip of space near the entryway groups the bathroom and kitchen together. This frees up a multipurpose space with ample storage, including a double- height closet with shelving, and drawers underneath a tatami mat next to the window, which can also be used as a sofa or a bed. A loft located over the technical strip, but also opens to the main room, is used as a sleeping area.

El concepto de funcionalidad dirige la renovación de esta vivienda, asumiendo la restricción del espacio disponible. una franja situada junto al acceso aglutina el baño y la cocina, liberando un espacio multifuncional en el que las zonas de almacenamiento adquieren protagonismo en forma de armario estantería a doble altura o de contenedor bajo un tatami junto a la ventana, utilizado también como sofá o cama. Un altillo situado sobre la franja técnica y abierto al espacio principal alberga el dormitorio.

The shower was replaced with a bath, and the washer was moved to the kitchen. A sliding door with a mirror amplifies the space visually.

La ducha se ha reemplazado por una bañera, y la lavadora se ha trasladado a la cocina. Una puerta corredera con un espejo amplifica el espacio visualmente.

1. Living room
2. Kitchen
3. Bathroom
4. Bedroom

A. Washer
B. Heater
C. Shelf
D. Desk

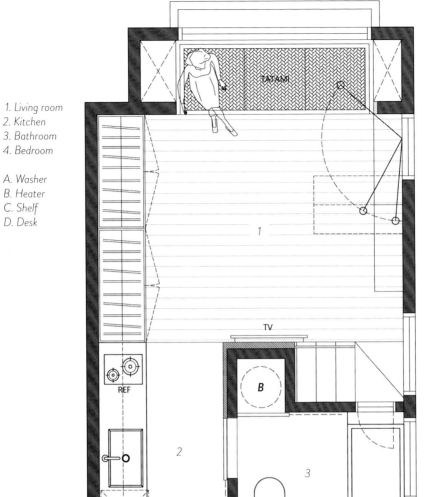

Plan after (floor plan)

The abundant natural light, and the choice to use a white paint/oak wood color scheme, make the interior more spacious and bright.

La abundante luz natural y los tonos blancos y de madera de roble utilizados hacen el espacio interior más amplio y luminoso.

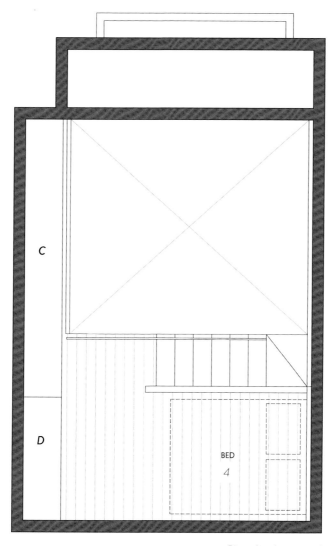

C

D

BED
4

Plan after (mezzanine)

The tatami area and cabinet alongside the window make full use of the alcove and also provide ample storage. There are two wooden tables alongside the wall in the living room that could be a long bar table which economizes the room and can be combined in the other direction to be a dining table.

El área del tatami y el armario junto a la ventana ocupan totalmente la alcoba, y también proporcionan amplio almacenamiento. Hay dos mesas de madera junto a la pared en la sala de estar que podrían hacer las veces de una barra de bar larga, lo cual agranda la habitación, y se puede combinar en la otra dirección para utilizarse como una mesa de comedor.

Fixed furniture such as the kitchen cabinet, the wardrobe and the shelf are attached to the wall to fully utilize the height and avoid aisles. The wardrobe is below the shelf. Despite its limited head space, the bedroom area has a small writing desk that matches the shelving in the main space, and that can also be accessed from this level.

Los muebles fijos como el armario de la cocina, el ropero y la repisa se encuentran adosados a la pared para aprovechar al máximo la altura y evitar los pasillos. El armario ropero se sitúa por debajo de la repisa. A pesar de su reducida altura libre, el ámbito del dormitorio está equipado con un pequeño escritorio que enlaza con el mueble estantería del espacio principal, que también es accesible desde este nivel.

AIR B N'P HOME

30 m² / 323 sq ft

Position Collective

www.position-collective.com
Location: Budapest, Hungary
Photos © Balázs Glódi

This apartment was remodeled as a short-term residence for visitors to Budapest. It is a functional open space centered around an elevated plywood platform; this holds a double bed and storage spaces, and continues on in the design of the kitchen counter. The bathroom, which is the only closed room, receives natural light from a translucent glass window next to the bedroom.

La transformación de este apartamento se orienta hacia un uso de estancias de corta duración, destinado a viajeros de paso por la capital húngara. Se trata de un espacio abierto y funcional, en el que la pieza central es una plataforma elevada de madera contrachapada que alberga una cama doble y espacios de almacenaje, y que tiene continuidad en el tablero de la cocina. El baño, la única estancia cerrada del piso, recibe luz natural gracias a una ventana de vidrio translúcido situada junto al dormitorio.

A modular plywood panel with a system of adjustable shelves links the bedroom and kitchen areas. The objects on these shelves become decorative items for the apartment.

Un panel modular de madera contrachapada con un sistema de estantes graduables enlaza las zonas de dormitorio y cocina. Los objetos allí depositados se convierten en elementos de la decoración del apartamento.

40

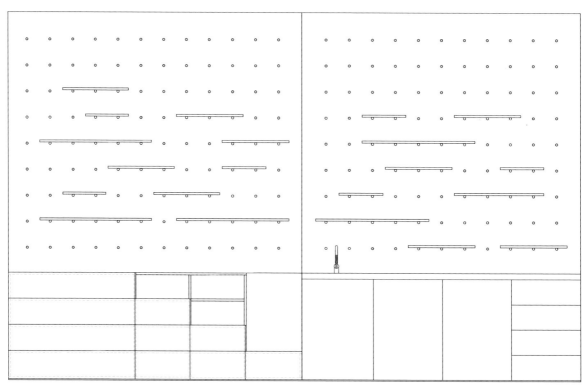

Pegboard elevation

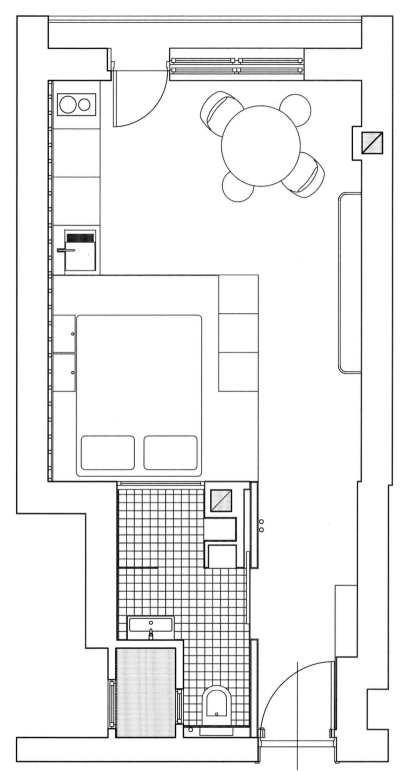

Floor plan

APARTMENT LP

30 m² / 323 sq ft

BEP Architects

Architects: Bruno Lins, Taiza Greca

www.beparquitetos.com

Location: Brasília, Brazil

Photos © Haruo Mikami

The multiple use of spaces has become one of the constant points of focus these days, as a result of the continuous expansion of cities and their real estate deficit. In this 30 square meter apartment in Brasília, Brazil, BEP Architects answered the request for intimate and social day by day life. However, those two areas could not be set apart, due to the unit's size. BEP Architects worked creatively on answering the challenging demand. The layout of the apartment was suited to the owners' needs, functioning both as an intimate or familiar space and as a social space, giving the impression of being twice its size.

El uso múltiple de espacios se ha convertido en uno de los puntos de atención constantes hoy en día, como resultado de la contínua expansión de las ciudades y su déficit inmobiliario. En este apartamento de 30 metros cuadrados en Brasilia, el grupo BEP Arquitectos respondió a la petición de intimidad y vida social diaria. Sin embargo, estas dos áreas no podían separarse debido al tamaño del piso. BEP Arquitectos trabajó creativamente para responder a la exigente demanda. La disposición del apartamento se adaptó a las necesidades de los propietarios, sirviendo como un espacio íntimo o familiar y también como un espacio social, dando la impresión de ser el doble de su tamaño.

46

1. Kitchen
2. Dining room
3. Bathroom

Floor plan

1. Kitchen
2. Living room
3. Bathroom

1. Kitchen
2. Bedroom
3. Bathroom

Floor plan

The bathroom door is camouflaged, the retractile bed and the sideboard that turns into the dinning table gives mobility to the layout. The wood, the concrete paint and the dark floor provide harmony.

La puerta del baño está camuflada, y tanto la cama abatible como el aparador que se convierte en la mesa de comedor dan movilidad a la distribución. La madera, la pintura de hormigón y el suelo oscuro proporcionan armonía.

SMALL APARTMENT IN MOSCOW

32 m² / 344 sq ft

Nowadays
www.nowadaysoffice.com
Location: Moscow, Russia
Photos © Ilya Ivanov

A large wooden prism, which appears to be just one more piece of furniture, rises up as an extension of the flooring, and presides over the space in this apartment. The bathroom is tucked inside it, and the sleeping place, accessed by an origami-like set of stairs, is up on top. The kitchen, the storage spaces, and a large floor-to ceiling bookcase connecting the two habitable levels, are positioned all around the perimeter, including the space under the windows.

Un gran prisma de madera integrado como una pieza más del mobiliario y que surge como prolongación del pavimento, preside el espacio que conforma esta vivienda. Su interior alberga el baño, y sobre él se sitúa el dormitorio, al que se accede por una escalera con aspecto de pieza de Origami. El perímetro de la casa, incluidas las zonas situadas bajo las ventanas, concentra la cocina, los espacios de almacenamiento y una gran librería desarrollada de suelo a techo, que conecta los dos niveles habitables.

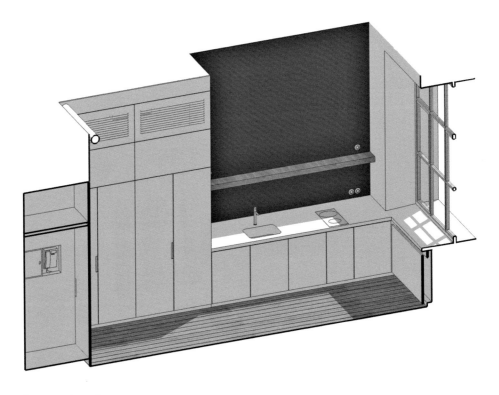

Axonometric section

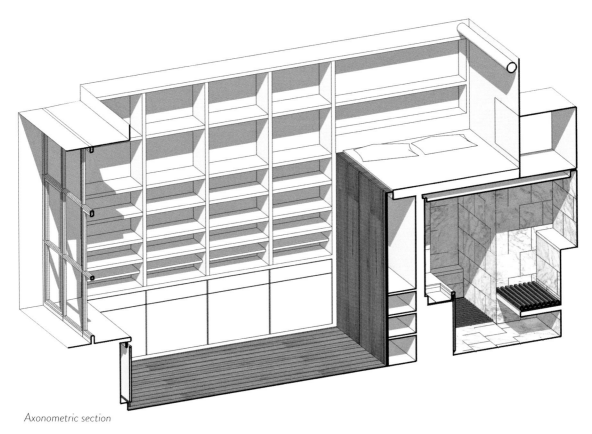

Axonometric section

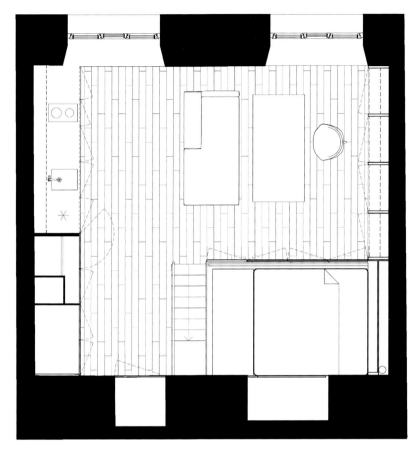

Mezzanine

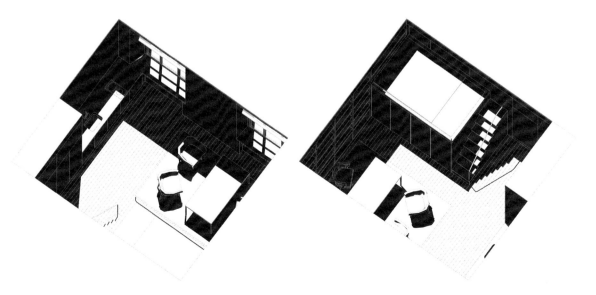

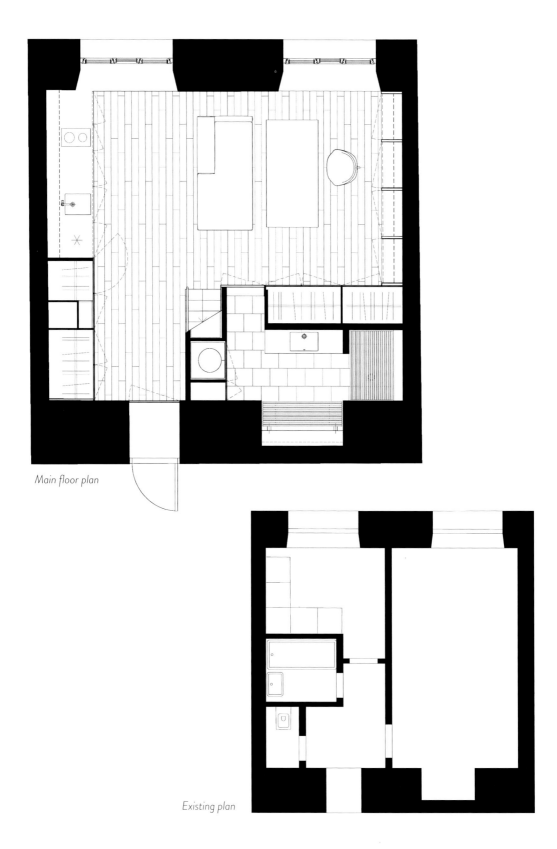

Main floor plan

Existing plan

Like the main room, the bathroom features an elegant combination of timber set off against the color white. The judicious placement of the fixtures makes the interior seem larger than it actually is.

El diseño del baño utiliza la misma elegante combinación de madera y color blanco que la estancia principal. La inteligente organización de sus piezas hace que el interior se perciba más grande de lo que realmente es.

SMALL TOWN HOUSE

35 m² / 367 sq ft

Studiomama

www.studiomama.com

Location: London, Great Britain

Photos © Ben Anders

This project remodels a former carpentry shop into a small guest house. The layout consists of a lower floor, which is the living-dining area, an upper floor for the main bedroom, study, and bathroom, and a small multipurpose loft suspended under the sloping ceiling. The design exudes playfulness and relaxation as well as warmth, which is conveyed by the predominant use of wood.

Un antiguo taller de carpintería se convierte en objeto de esta rehabilitación, destinada a crear un alojamiento para visitantes ocasionales. La distribución se estructura en una planta baja destinada a estar-comedor, una planta superior que alberga el dormitorio principal, estudio y baño, y un pequeño altillo multifuncional, suspendido en el espacio bajo la cubierta inclinada. El diseño interior desprende calidez gracias al uso predominante de la madera, y a la vez transmite un aire lúdico y desenfadado.

A steep metal staircase with wooden steps leads to the loft located under the sloping roof; this can be used as bedroom or storage space.

Una empinada escalera de estructura metálica y peldaños de madera conduce al altillo situado bajo la cubierta inclinada, que puede ser utilizado como eventual dormitorio o como espacio de almacenamiento.

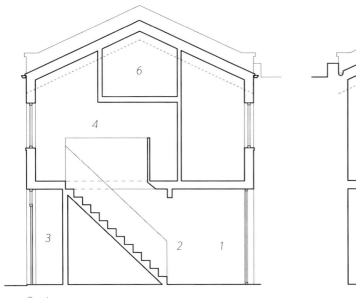

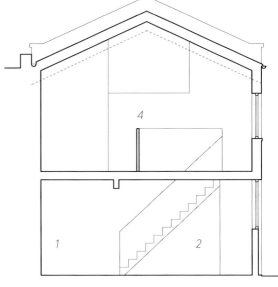

Sections

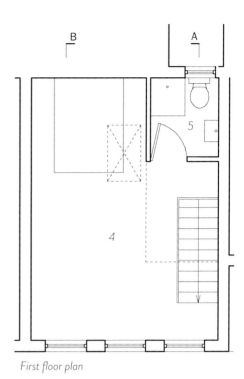

First floor plan

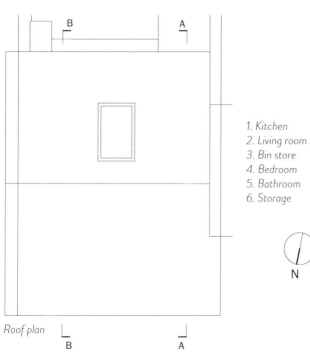

Roof plan

1. Kitchen
2. Living room
3. Bin store
4. Bedroom
5. Bathroom
6. Storage

N

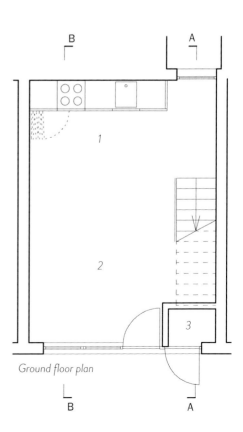

Ground floor plan

The master bedroom, which is designed as a wooden "pod" and looks like a separate piece of furniture, offsets the height of the open space above.

La pieza del dormitorio principal se concibe a modo de "vaina", construida en madera y tratada como una pieza autónoma del mobiliario, para contrarrestar la gran altura del espacio libre de la primera planta.

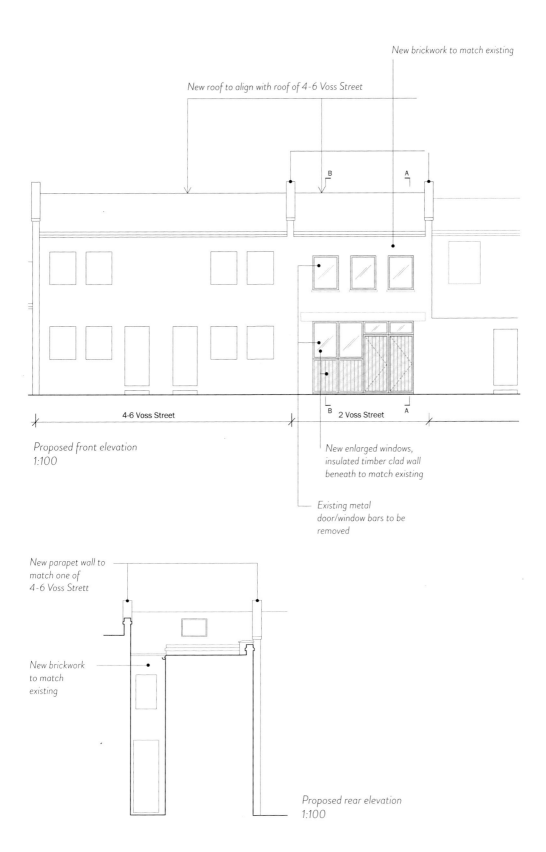

New brickwork to match existing

New roof to align with roof of 4-6 Voss Street

B

A

4-6 Voss Street

B   2 Voss Street   A

Proposed front elevation
1:100

New enlarged windows,
insulated timber clad wall
beneath to match existing

Existing metal
door/window bars to be
removed

New parapet wall to
match one of
4-6 Voss Strett

New brickwork
to match
existing

Proposed rear elevation
1:100

APARTMENT 37

37 m² / 398 sq ft

Atelier Mearc

Architect: Zhou Wei – Design team: Xu Xiwen, Du Mili

www.ateliermearc.com

Location: Shanghai, China

Photos © Lu Haha

Early architecture was built maybe merely to accommodate people. As time changes, city breath permeates into architecture and stamps them with urbanization. Just like the old residential buildings in Shanghai.

This seven-story old residential building is located downtown Shanghai. The renovation is for a studio apartment less than 40 square meters uppermost. The apartment is north-south direction shaped long and narrow. Entrance at north, balcony southernmost. According to the original route, it takes 11 to 12 seconds to walk from entrance to balcony.

La arquitectura primitiva fue construida simplemente para albergar a la gente. A medida que los tiempos van cambiando el ambiente urbano se va impregnando de arquitectura. Al igual que los viejos edificios residenciales de Shanghai.

Este antiguo edificio residencial de siete pisos está situado en el centro de Shanghai. La remodelación se hizo para un apartamento tipo estudio menor de 40 m². El apartamento es de orientación norte-sur, y es largo y estrecho. La entrada está al norte y el balcón al sur. Según el plano original, se tarda de 11 a 12 segundos en caminar desde la entrada al balcón.

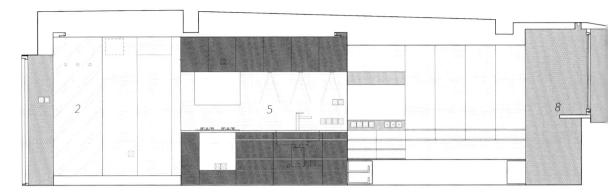

Facade

2. Entryway
5. Cooking Area
8. Balcony

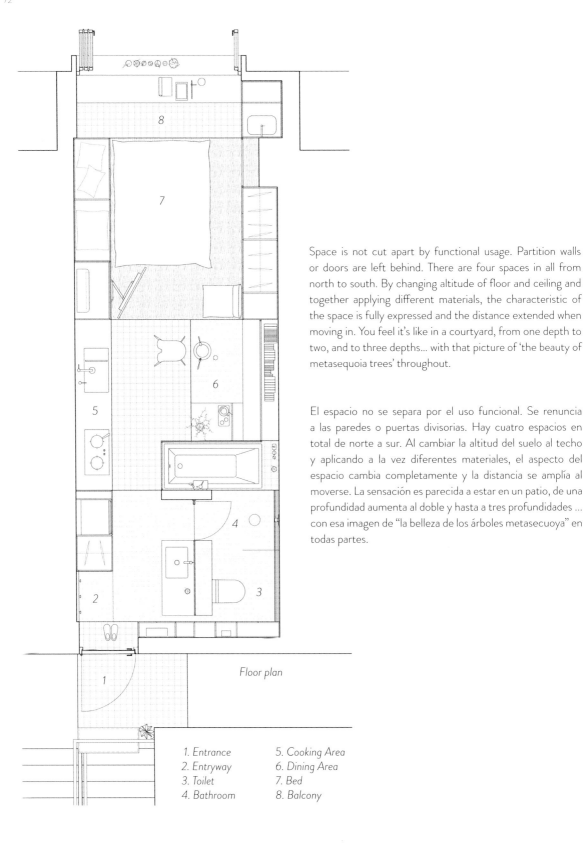

Floor plan

Space is not cut apart by functional usage. Partition walls or doors are left behind. There are four spaces in all from north to south. By changing altitude of floor and ceiling and together applying different materials, the characteristic of the space is fully expressed and the distance extended when moving in. You feel it's like in a courtyard, from one depth to two, and to three depths... with that picture of 'the beauty of metasequoia trees' throughout.

El espacio no se separa por el uso funcional. Se renuncia a las paredes o puertas divisorias. Hay cuatro espacios en total de norte a sur. Al cambiar la altitud del suelo al techo y aplicando a la vez diferentes materiales, el aspecto del espacio cambia completamente y la distancia se amplía al moverse. La sensación es parecida a estar en un patio, de una profundidad aumenta al doble y hasta a tres profundidades ... con esa imagen de "la belleza de los árboles metasecuoya" en todas partes.

1. Entrance
2. Entryway
3. Toilet
4. Bathroom
5. Cooking Area
6. Dining Area
7. Bed
8. Balcony

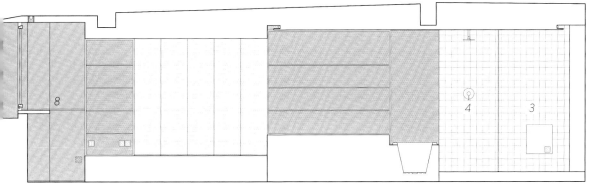

Facade

3. Toilet
4. Bathroom
8. Balcony

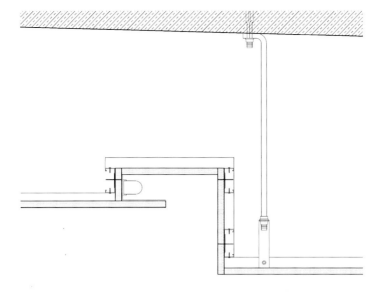

Vertical section
scale 5 10   50

1. 8mm ceramic tile, use special crack-sealer to point joints 1:3 dry
    cement mortar binding course
    10mm mortar screeding
    Waterproof membrane, painted twice
2. 18mm wooden core board, white wood lacquer painted
3. L shape stainless steel strip, white fluorocarbon coating
4. 18mm solid pine wood panel
    10mm wooden core panel cushion ply
    12mm wooden core panel cushion ply
    18mm wooden core board, white wood lacquer painted
    15mm wooden core board, white wood lacquer painted
    15 wooden core panel cushion ply
    Waterproof membrane, painted twice

Section 2

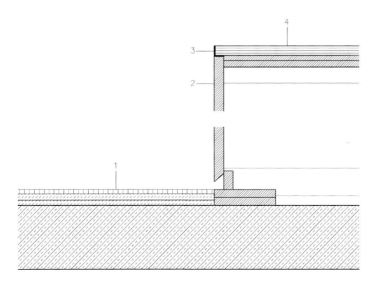

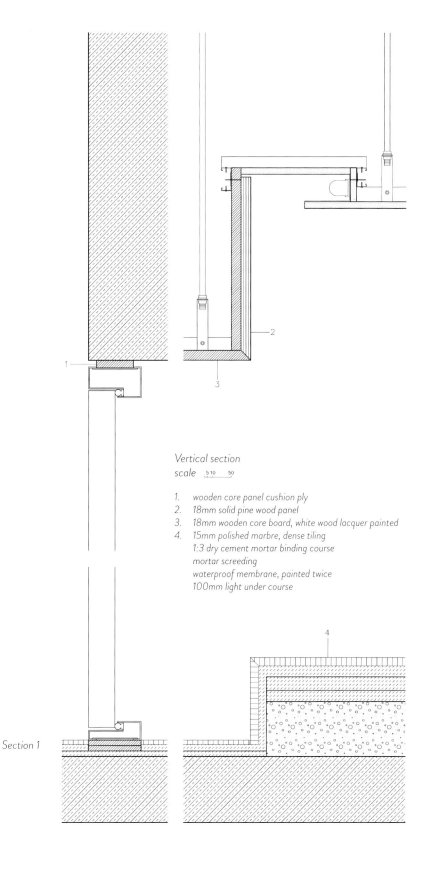

Vertical section
scale 5 10   50

1. wooden core panel cushion ply
2. 18mm solid pine wood panel
3. 18mm wooden core board, white wood lacquer painted
4. 15mm polished marbre, dense tiling
   1:3 dry cement mortar binding course
   mortar screeding
   waterproof membrane, painted twice
   100mm light under course

Section 1

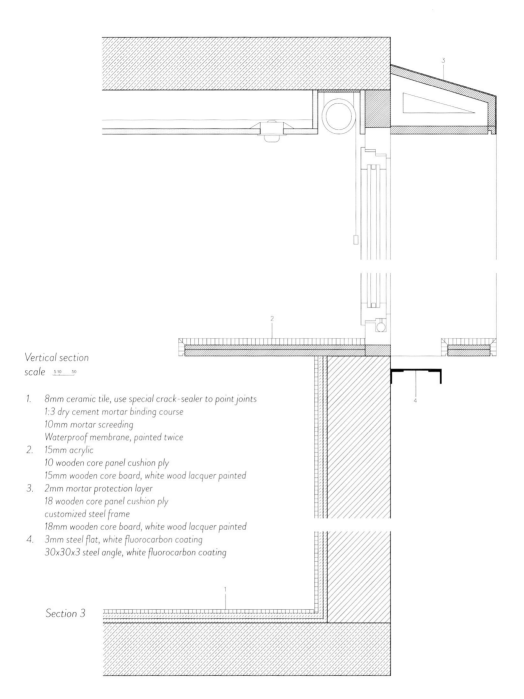

Vertical section
scale 5 10   50

1. *8mm ceramic tile, use special crack-sealer to point joints*
    1:3 dry cement mortar binding course
    10mm mortar screeding
    Waterproof membrane, painted twice
2. *15mm acrylic*
    10 wooden core panel cushion ply
    15mm wooden core board, white wood lacquer painted
3. *2mm mortar protection layer*
    18 wooden core panel cushion ply
    customized steel frame
    18mm wooden core board, white wood lacquer painted
4. *3mm steel flat, white fluorocarbon coating*
    30x30x3 steel angle, white fluorocarbon coating

Section 3

In this renovation, common concept of furniture is not used. Instead, furniture is made up like architecture. The primary identification of terms such as floor, table, chair, bed, cabinet etc., is featured by the material used. Shape and position is naturally not that important.

En esta renovación no se utiliza el concepto común de muebles. En cambio, los muebles están integrados como la arquitectura. La identificación primaria de términos como suelo, mesa, silla, cama, armario, etc., se caracteriza por el material utilizado. La forma y la posición no son tan importantes.

BLOCK VILLAGE

40 m² / 431 sq ft

HAO Design
Location: Kaohsiung City, Taiwan
Photos © Hey!Cheese

The plan for this split-level abode with a square floor-plan gave priority to creating internal passageways that would be pleasing to the eyes of its inhabitants. Starting in the spacious living-dining room on the first floor, an isolated stairway ascends over the foyer on the lower level toward a bridge suspended in space. This bridge, joining the master bedroom and the dressing room on the second floor, overlooks the continuous space of the house.

En el proyecto de esta vivienda de tres niveles y planta cuadrada, los diseñadores dieron prioridad al desarrollo de unas circulaciones interiores destinadas al goce visual de sus usuarios. Desde el espacioso estar-comedor de la planta baja, una escalera aislada asciende por encima del distribuidor del nivel inferior hacia un puente suspendido en el vacío. Este puente, que comunica el dormitorio principal y el vestidor de la primera planta, se convierte en un mirador sobre el espacio continuo de la casa.

1. Closet
2. Bathroom
3. Study
4. Entrance
5. Bedroom
6. Japanese-style room
7. Kitchen
8. Living/Dining

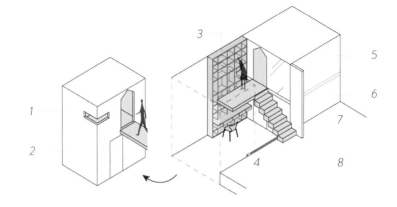

The simple and harmonious interior design combines the simple texture of pine wood with different green tones and a few luminous white walls.

El armonioso y sencillo diseño interior combina la simplicidad de la textura de la madera de pino con el uso de diferentes tonos verdes, junto a unas pocas y luminosas paredes blancas.

1. Living/Dining
2. Kitchen
3. Bedroom
4. Aisle & stairs
5. Bathroom
6. Patio

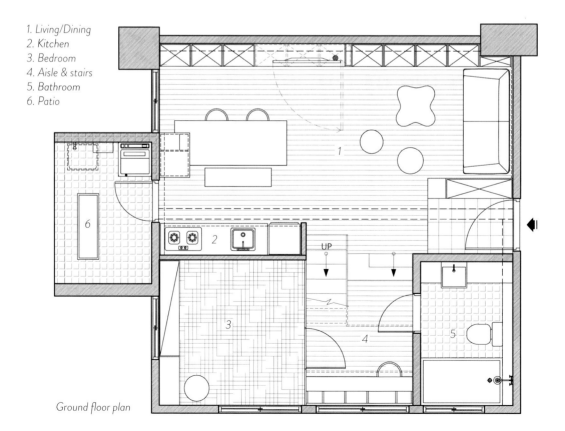

Ground floor plan

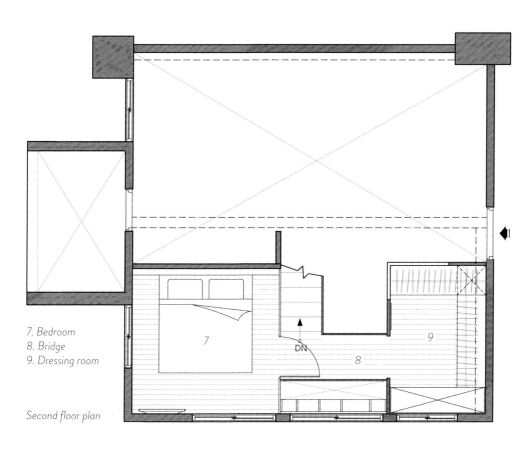

7. Bedroom
8. Bridge
9. Dressing room

Second floor plan

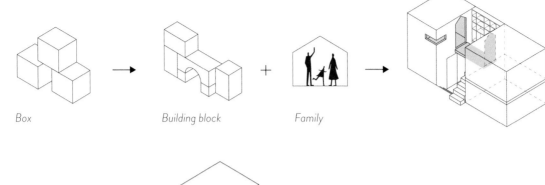

Box   Building block   Family

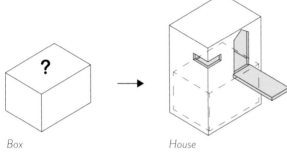

Box   House

From the foyer under the stairway, which is used as a study, part of a book shelf rises to the second floor ceiling, emphasizing the double height of the space and acting as a backdrop for the bridge.

Del distribuidor situado bajo la escalera, utilizado como estudio, parte una librería que se eleva hasta el techo de la primera planta, enfatizando la doble altura del espacio y actuando de telón de fondo para el puente.

The bedroom and dressing room are connected as part of an optical illusion that defines them as one sole space. A horizontal corner opening in the dressing room provides the best view of the floor below.

El dormitorio y el vestidor se interrelacionan mediante un juego visual que los define como una sola entidad. Dentro del vestidor, una hendidura horizontal en esquina ofrece la mejor perspectiva sobre la planta inferior.

PARLAMENT 29

48 m² / 517 sq ft

Miel Arquitectos & Studio P10
www.mielarquitectos.com - www.p10designstudio.com
Location: Barcelona, Spain
Photos © Mila Belyaeva

The strategic position of the bedroom space is the key to the layout of this apartment. As the bed revolves, different room environments are created around it. This is because it is located at the center of one continuous space, and at right angles to its surroundings. when it is positioned to be open to the other rooms, the bedroom looks rather unusual, but it allows the scant sunlight to penetrate into the living room.

La composición de este apartamento se fundamenta en la estratégica posición de la pieza del dormitorio. Los diferentes ámbitos se generan en torno a él, gracias a su ubicación en el centro de un espacio continuo, y al movimiento de rotación de su planta con respecto de su entorno ortogonal. Una configuración abierta hacia el resto de las estancias confiere al dormitorio un carácter poco habitual, y le convierte en transmisor de la escasa luz solar que penetra hasta la sala de estar.

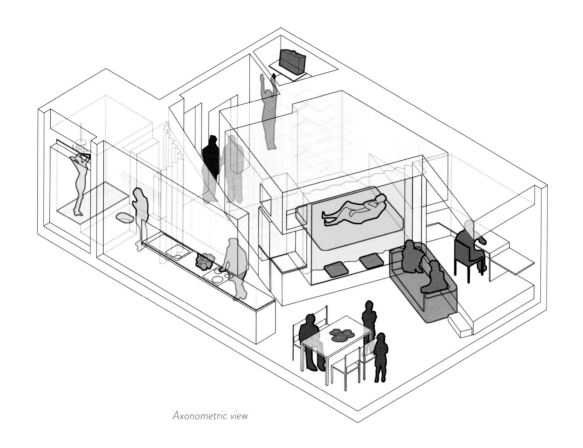

Axonometric view

The black and white tiles in the bathroom and kitchen act as a poetic counterpoint to the overall design of the dwelling, which combines light wood tones and white walls that distribute the limited amount of sunlight.

Las baldosas blancas y negras del baño y la cocina devienen un contrapunto poético al diseño general de la vivienda, que combina el uso de la madera con paramentos verticales blancos que propagan la escasa luz del sol.

1. Bedroom
2. Studio
3. Living room
4. Dining room
5. Kitchen

6. Bathroom
7. Entry hall
8. Storage
9. Guest bed
10. Concealed storage

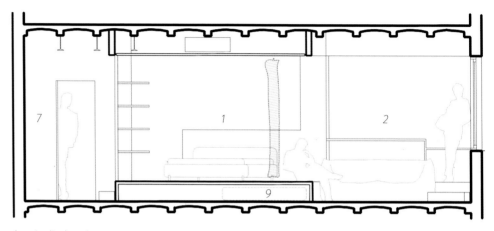

Longitudinal section

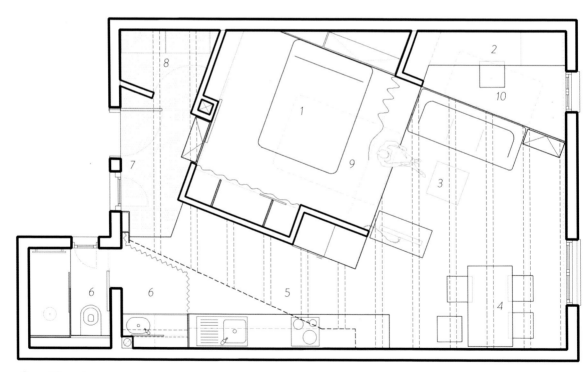

Ground floor plan

The sleeping space is designed as a sort of nest made of oak, elevated above floor level. There is a guest bed underneath it and an air conditioning unit above it.

La pieza del dormitorio se concibe como un "nido" de madera de roble, elevado sobre el nivel del suelo, bajo el cual se esconde una cama para invitados y sobre el cual se sitúa la instalación de aire acondicionado.

DWELLING IN LAVAPIÉS

50 m² / 538 sq ft

Clap Design!
www.clapdesign.es
Location: Madrid, Spain
Photos © Juan Carlos Quindós

Here a highly compartmentalized apartment, located in Madrid in a historic corrala, a courtyard-centered apartment building, becomes a more ample space with improved light. This was done by putting the living and sleeping areas together on one side of a central cabinet, which is the main element, as it organizes the various ways it is used. The other rooms are opened up and reconfigured to create a fluid space and allow more sunlight into the home.

El proyecto transforma una vivienda de distribución muy compartimentada, ubicada en una típica corrala madrileña, en un espacio más amplio y mejor iluminado. Para ello, se integran en un mismo ámbito las zonas de estar y dormitorio, separadas por un mueble situado en el centro de la sala y que constituye un elemento singular que organiza los diferentes usos. El resto de estancias de la casa se abren y se reconfiguran para crear un espacio fluido y hacer la vivienda más permeable a la luz del sol.

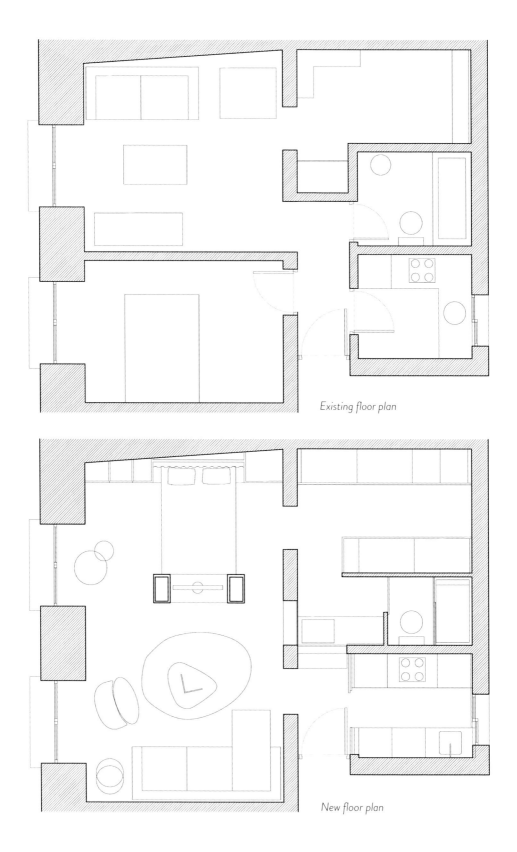

Existing floor plan

New floor plan

The divider/cabinet makes the sleeping area more private. It can hold a television that revolves as needed, and it also contains shelving and storage spaces.

El mueble separador dota de intimidad a la zona de dormitorio. Su diseño permite también albergar la televisión y girarla según las necesidades y, al mismo tiempo, contiene estanterías y espacios de almacenaje.

The open plan used in all the rooms, and the relationship it establishes among them, makes for a fluid, continuous environment, with the predominant use of white tones working to increase the sense of spaciousness.

La concepción abierta de todas las estancias de la casa y la relación que se establece entre ellas generan un ambiente fluido y continuo, en el que el uso predominante de tonos blancos incrementa la sensación de amplitud.

AMSTERDAM URBAN LOFT

56 m² / 603 sq ft

Bureau Fraai

www.bureaufraai.com

Location: Amsterdam, The Netherlands

Photos © Wim Hanenberg

A small, compartmentalized apartment, located in the city center, becomes a spacious urban loft. The design creates a volume of birch plywood constructed around the existing central core services and also builds into it a tiny box-style bedroom. This unit, with built-in cupboards in its walls, extends along the two contiguous open spaces, one designed as the living area, and the other as the kitchen/dining area.

Un pequeño y fragmentado apartamento, situado en el centro de la ciudad, se convierte gracias a esta remodelación en un espacioso loft urbano. Su diseño aprovecha el núcleo central de servicios existente para configurar un volumen de madera contrachapada de abedul, al que se incorpora un dormitorio de dimensiones mínimas a modo de caja. Este volumen se extiende hacia los dos espacios diáfanos contiguos, concebidos respectivamente como estar y cocina comedor, en forma de armarios integrados en las paredes.

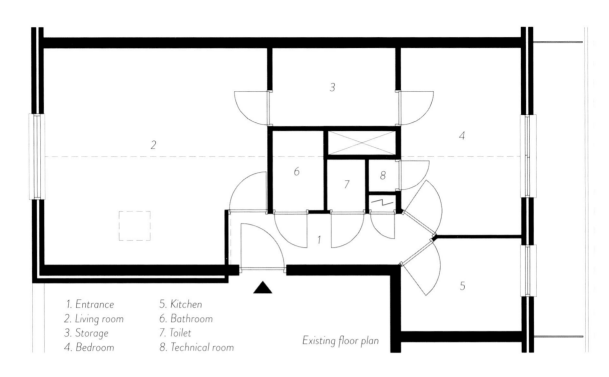

1. Entrance
2. Living room
3. Storage
4. Bedroom

5. Kitchen
6. Bathroom
7. Toilet
8. Technical room

Existing floor plan

0.5   2

0   1   3m

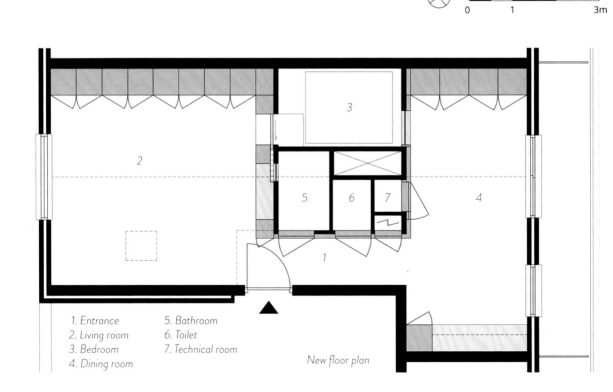

1. Entrance
2. Living room
3. Bedroom
4. Dining room

5. Bathroom
6. Toilet
7. Technical room

New floor plan

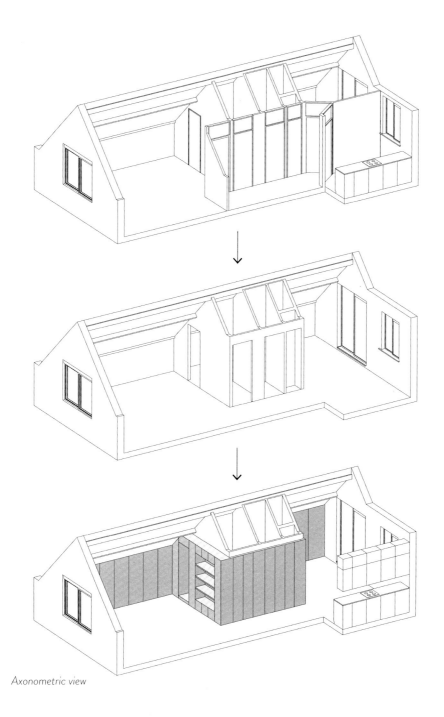

Axonometric view

The openings in the wooden unit make for an interplay of visuals through the bedroom and toward the bathroom. This, along with the blue flooring used in all the rooms, adds continuity to the space.

Las aberturas del volumen de madera permiten un juego de visuales a través del dormitorio y hacia el baño que, junto al pavimento de color azul utilizado en todas las estancias, da continuidad al espacio de la casa.

SALVA 46

65 m² / 700 sq ft

Miel Arquitectos & Studio P10
www.mielarquitectos.com - www.p10designstudio.com
Location: Barcelona, Spain
Photos © Asier Rua

In the remodeling plan, this apartment is made up of two independent studios, each with a bathroom, that share a commonly accessed central area containing the kitchen and dining room. The idea is to balance the privacy of each studio against the requirements of the common space. The wall systems are designed to allow light to enter the central area, but they also provide the option to completely isolate each small abode.

El programa de la reforma de este piso se compone de dos estudios independientes dotados de baño, que comparten una zona común de acceso situada en el centro de la planta, que contiene la cocina y el comedor. El proyecto plantea el tema del equilibrio entre las privacidades de cada estudio y las necesidades del espacio comunitario; el diseño del sistema de cerramientos permite que la luz natural llegue a la zona central del piso, pero a la vez da la opción de aislar completamente cada habitáculo.

A fixed shelving unit separates the entryway from the kitchen. It is set along the dividing line between the parquet industrial flooring and the original refurbished encaustic tiles.

Un mueble estantería fijo separa el ámbito de acceso y la cocina. Su directriz se sitúa sobre la línea divisoria entre el suelo de parquet industrial y el recuperado mosaico hidráulico original del piso.

1. Bathroom 1
2. Study 1
3. Multifunctional space 1
4. Entrance
5. Dining room / Kitchen
6. Bathroom 2
7. Study 2
8. Multifunctional space 2

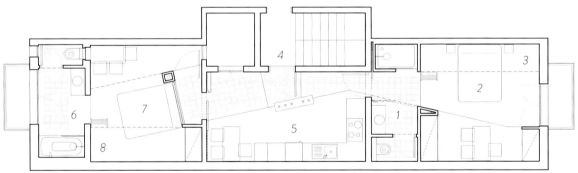

Floor plan

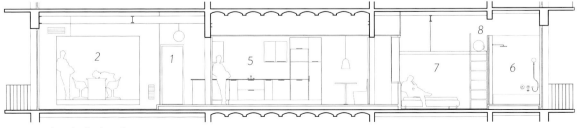

Longitudinal section

The 3.40-meter ceiling height allows space for a small multipurpose loft over the beds in each studio. Their banisters are designed as bookcases and shelves that face both sides.

Una altura libre de 3,40 metros permite crear un pequeño altillo polivalente sobre las camas de cada uno de los estudios. Sus barandillas se diseñan como librerías y estantes orientados hacia ambos lados.

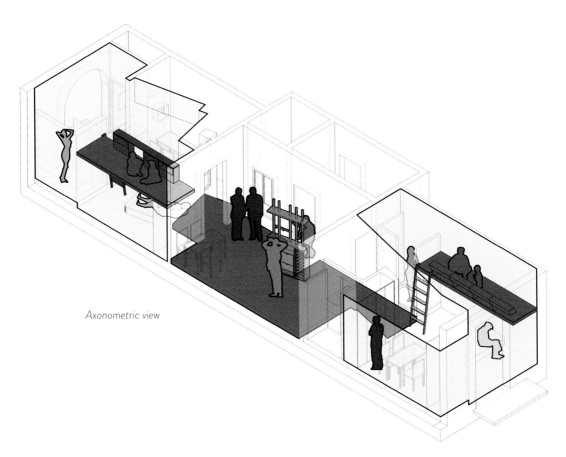

Axonometric view

FUJIGAOKA T

68 m² / 732 sq ft

Chikara Ohno / Sinato
www.sinato.jp
Location: Kanagawa, Japan
Photos © Toshiyuki Yano

Constructing a mezzanine in the section with greater headroom was a key objective of the transformation of this three-person apartment. The layout structures two differentiated linear environments: the first contains the living room, kitchen, and dining room; the second has one bedroom on the upper level and two bedrooms below. These are separated by the support structure for the loft and open onto a common study/storage area, with which they comprise one whole space.

La construcción de una planta altillo, que aprovecha una zona dotada de mayor altura libre, condicionó la transformación de esta vivienda para tres personas. La distribución estructura de forma lineal dos ámbitos diferenciados: el primero contiene estar, cocina y comedor; el segundo contiene un dormitorio en el nivel superior y dos dormitorios en el inferior, separados por la estructura de soporte del altillo y abiertos hacia una zona de estudio y almacenaje común, con la que configuran un único espacio.

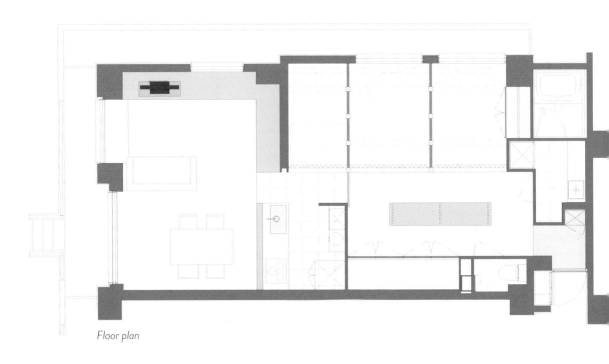

Floor plan

The minimalist design of all the architectural and decorative elements, together with the open plan of the entire dwelling, increase the feeling of fluidity and continuity of space.

El diseño minimalista de todos los elementos arquitectónicos y ornamentales, unido a la concepción abierta de todos los ámbitos de la vivienda, incrementa la sensación de fluidez y continuidad del espacio.

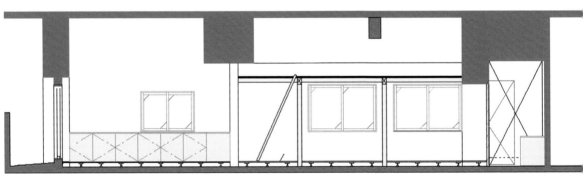

Sections

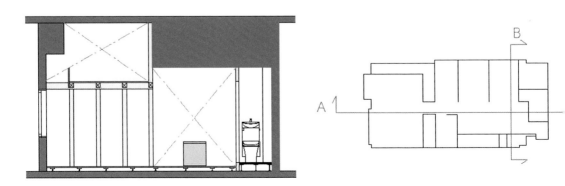

A review of the structure's building plans indicated that there were two areas with significant unobstructed height. This allowed the sleeping quarters to be split into two levels, 2 m and 1.5 m high.

La revisión de los planos estructurales del edificio constató la existencia de zonas dotadas de una altura libre que permitía desdoblar la zona de dormitorios en dos niveles, de 2 y 1,5 metros de altura respectivamente.

FLINDERS LANE APARTMENT

75 m² / 807 sq ft

Clare Cousins Architects
www.clarecousins.com.au
Location: Melbourne, Australia
Photos © Lisbeth Grosmann

The objective of the project was to create a second bedroom while simultaneously obtaining more common space. This was done by designing a wooden floor-to-ceiling unit that houses the two small rooms, and includes a tall narrow side cabinet that separates the private from the public zones and can be accessed from both. Inspired by Japanese tradition, there are sliding panels that can open the main bedroom into the living areas.

El objetivo del proyecto fue implantar una segunda habitación en la vivienda y, al mismo tiempo, obtener mayor superficie para los espacios comunes. Para ello se diseñó un contenedor del suelo al techo construido en madera, que alberga dos dormitorios de superficie mínima, y que incluye una franja de almacenaje que separa la zona privada de la pública y es accesible desde ambas. Inspirados en la tradición japonesa, unos paneles móviles permiten abrir el dormitorio principal hacia las zonas de estar.

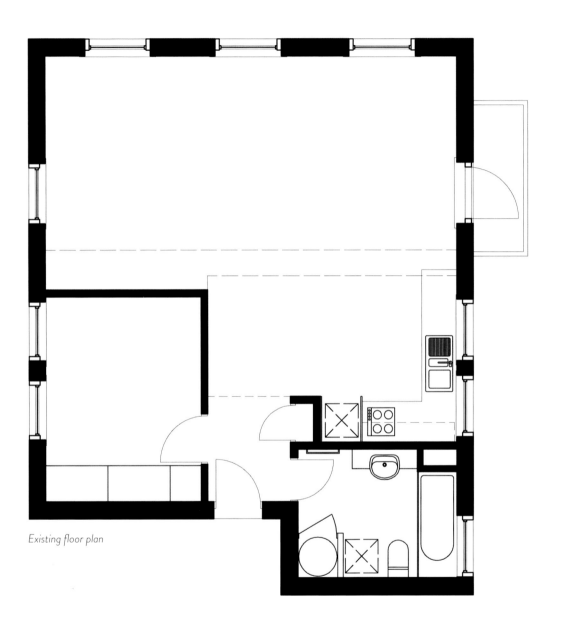

Existing floor plan

The careful design of the spaces in the abode increases the useable surface in the common areas. A loft over the entryway can be used as either a guest room or a storage space.

El cuidado diseño de los espacios de la vivienda incrementa la superficie útil de las zonas comunes. Un altillo situado sobre la zona de acceso es utilizado como eventual dormitorio de invitados y espacio de almacenaje.

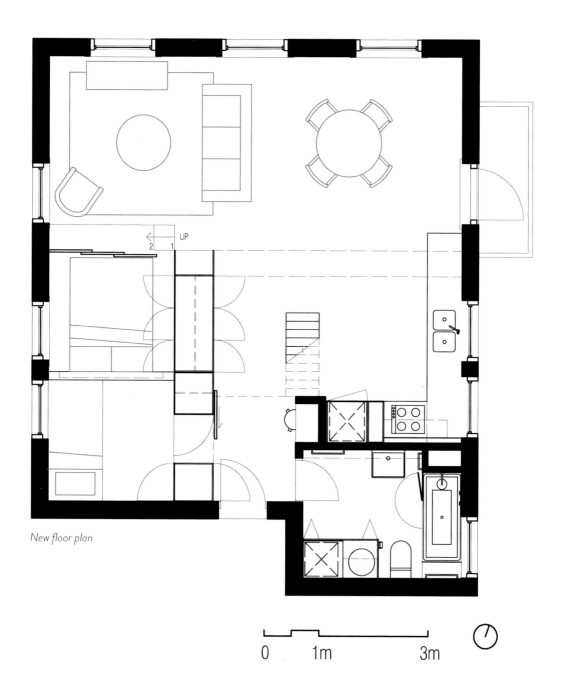

New floor plan

UP

2 1

0   1m   3m